Das Fussball- Challenge Buch

für junge Champions

W0041760

...dein Abenteuerbuch zur Europameisterschaft

WILLKOMMEN, JUNGER FUSSBALLFAN!

Bist du bereit, auf eine aufregende Reise durch die faszinierende Welt des Fußballs zu gehen? Dann schnapp dir deinen Lieblingsstift, denn vor dir liegt das ultimative Fußball-Challenge Buch, genau passend zur Europameisterschaft 2024!

Bevor es losgeht, wirst du im ersten Kapitel, "Vor dem Anpfiff", in die **Geschichte der Europameisterschaft** eintauchen. Von den Anfängen bis heute wirst du die wichtigsten Eckdaten erfahren, die du benötigst, um im anschließenden **Fußballquiz** deine erste große Challenge zu meistern! Außerdem gilt es, dein **Fußballwissen** in den folgenden Challenges unter Beweis zu stellen, egal ob Anfänger oder Profi, hier kannst du zum Star auf dem Spielfeld werden!

Um 90 Minuten durchzuhalten, brauchst du eine gute Kondition und Ausdauer. Die kannst du im nächsten Kapitel "Fit wie ein Fußballprofi" trainieren und optimieren. Diverse **Fitnessherausforderungen** und **Fußball-Mini-Challenges** erwarten dich, um so fit wie deine Fußballhelden zu werden!

Das dritte Kapitel, "Im Spiel - die EM 2024", führt dich direkt ins Herz des Turniers. Erlebe die Europameisterschaft 2024 hautnah! **Tippe deine Ergebnisse im vorgefertigten Spielplan** und prüfe, ob du richtig liegst. Halte die Ergebnisse fest, verfolge die Spiele und **werde ein Teil der Action**. Kannst du richtig vorhersagen, wer der Europameister 2024 wird?

Ob vor, während oder nach der Europameisterschaft: In der "kreativen Ecke", wird deine Fußball-Kreativität gefordert. **Bastle** deine eigenen **Fußball-Fanartikel**, erinnere dich an die Spiele, die dich am meisten bewegt haben und **halte** deine eigenen **unvergesslichen Fußballmomente fest. Dribble dich durch das Fußball-Rätselland** oder spüre den Nervenkitzel beim **Fußball-Bingo**. Hier kannst du deine Fantasie freien Lauf lassen, um einen Volltreffer zu landen!

Also, was denkst du? Bist du bereit, dich den Herausforderungen zu stellen und deine Fußballträume zu leben? Blätter die Seite um und beginne dein größtes Fußballabenteuer.

Die Reise beginnt jetzt!

Inhaltsverzeichnis

KAPITEL 1:
VOR DEM ANPFIFF

KOMM MIT UNS ZUR EM 2024!

Willkommen im aufregenden Universum der Fußball-Europameisterschaft!
Bevor wir uns in die Welt der Herausforderungen und Abenteuer stürzen, lass uns eine Zeitreise antreten und entdecken, wie dieses spektakuläre Turnier zu einem der bedeutendsten Ereignisse im Weltfußball wurde.

DIE ANFÄNGE DER EUROPAMEISTERSCHAFT: VON DER VISION ZUR REALITÄT

Wir befinden uns im Jahre 1920 in Frankreich, wo wir Henri Delaunay treffen. Er hatte den Traum von einem besonderen Fußballfest, bei dem die besten Teams Europas zusammenkommen würden.

Dieser Traum wurde 40 Jahre später wahr und die Europameisterschaft wurde geboren.

1960: DEIN ERSTES GROSSES FUSSBALLABENTEUER

Beim ersten Europapokal der Nationen - so wurde die Europameisterschaft (EM) damals genannt, traten gerade mal vier Mannschaften gegeneinander an. Darunter die Mannschaft der Sowjetunion und Jugoslawiens. Sie kämpften um den allerersten EM-Titel. In einem spannenden Finale im Pariser Prinzenpark wurde Fußballgeschichte geschrieben – stell Dir mal vor, mittendrin zu sein.

 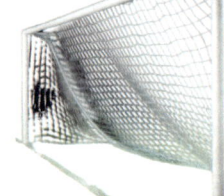

1980: MEHR TEAMS, MEHR ABENTEUER

Wir springen nun ins Jahr 1980 und landen in Italien, wo die EM noch größer und aufregender wurde. Diesmal traten acht Teams gegeneinander an. Mit der Einführung einer Gruppenphase gab es mehr Spiele, mehr Tore und noch mehr Spaß für die Fans.

1996: FUSSBALL IN ENGLAND - DIE GEBURTSSTÄTTE VON LEGENDEN

Unsere Reise führt uns weiter nach England, ins Jahr 1996. Das Turnier hatte nun 16 Mannschaften und die Einführung des Golden Goals brachte noch mehr Spannung.
Ein einziges Tor in der Verlängerung konnte nun über Sieg oder Niederlage entscheiden.

2016: EINE FUSSBALLGESCHICHTE, DIE DU ERLEBT HABEN KÖNNTEST

Unser letzter Halt ist Frankreich im Jahr 2016, ein Turnier, wo du vielleicht sogar schon auf der Welt warst. Mit 24 Teams war die EM so groß wie nie zuvor. Jedes Spiel brachte neue Überraschungen und zeigte erneut, dass im Fußball alles möglich ist.

DIE MAGISCHEN MOMENTE DES FUSSBALLS,
DIE GESCHICHTE GESCHRIEBEN HABEN

Von den Anfängen bis zur Gegenwart hast du nun die Reise durch die Geschichte der Europameisterschaft miterlebt. Jedes Turnier erzählt seine eigenen Geschichten, gefüllt mit Dramen, Freuden und unvergesslichen Momenten.

Aber was wäre Fußball ohne die magischen Augenblicke, die in die Geschichte eingegangen sind? Diese Momente, in denen Zeit und Raum zu stehen scheinen und ein einziger Augenblick, eine einzige Bewegung das Schicksal von Nationen verändern kann.

Lass uns gemeinsam diese magischen Fußballmomente erkunden, die Geschichte schrieben:

Marco van Bastens Wundertor 1988:

Stell dir vor, du stehst im Stadion, die Spannung ist greifbar. Marco van Basten, der niederländische Star, schießt mit einem Fallrückzieher aus einem unmöglichen Winkel: Der Ball fliegt in das Netz, und das Stadion explodiert vor Freude. Die Niederlande werden durch dieses Kunstwerk zum Sieg geführt, ein Tor, das in der Fußballgeschichte unvergessen bleibt.

Dänemarks unglaublicher Sieg 1992:

Dänemark, das Team, das quasi in letzter Minute ins Turnier gerutscht ist, vollbringt das Unmögliche und gewinnt die EM! Ihre Geschichte lehrt uns, dass im Fußball wirklich jeder zum Helden werden kann, wenn nur der Glaube stark genug ist.

Das allererste Golden Goal 1996:

Oliver Bierhoff tritt in die Geschichte ein, als er für Deutschland das entscheidende Tor in der Verlängerung erzielt: Das erste "Golden Goal", welches je bei einer EM geschossen wurde.
Ein atemloser Moment, der die Schönheit und Spannung des Fußballs perfekt einfängt.

Griechenlands Überraschungssieg 2004:

Gegen alle Erwartungen und Vorhersagen kämpft sich Griechenland an die Spitze und gewinnt die EM. Ihr Sieg ist eine mächtige Erinnerung daran, dass im Fußball auch die vermeidlich „Kleinen" tatsächlich die „Großen" besiegen können und aufgeben keine Option ist.

Portugals großer Sieg 2016:

Portugal zeigt, dass Teamarbeit der Schlüssel zum Erfolg ist.
Sie gewinnen die EM, auch ohne ihren Star-Spieler Christiano Ronaldo, und beweisen, dass Einheit im Fußball entscheidend ist.

QUALIFIKATIONEN

Nachdem wir nun einige der denkwürdigsten Momente in der Geschichte der Europameisterschaften erlebt haben, könntest du dich fragen, wie genau die Teams zu dieser großartigen Bühne gelangen?
Nun es ist nicht nur eine Frage des Ruhms und der Geschichte, sondern auch des gegenwärtigen Erfolgs. Die Fußball-Europameisterschaft ist wie eine riesige, aufregende Party, und nicht jedes Team ist automatisch eingeladen. Hier wird dir nun erklärt, wie die Länder zu dieser coolen Feier, der Europameisterschaft 2024, kommen können:

- **Direkte Einladung:**
Deutschland ist der Gastgeber dieser riesigen Party, also sind sie direkt eingeladen. Das ist nur fair, oder? Denn sie haben die ganze Arbeit, die Party vorzubereiten und dafür zu sorgen, dass alles perfekt ist. Natürlich sollen sie auch mitfeiern!

- **Durch die Gruppenspiele:**
Stell dir vor, es gibt viele kleine Vorfest-Partys in verschiedenen Ländern. Teams spielen in Gruppen gegeneinander, und die zwei besten Teams von jeder Party bekommen eine Einladung zur großen EM-Party.

- **Über die Nations League:**

Jetzt wird es etwas schwieriger, aber denk daran wie an ein magisches Sicherheitsnetz. Wenn ein Team in einem anderen Turnier - der Nations League - wirklich gut war, aber in den Gruppenspielen nicht direkt zur Party eingeladen wurde, hat es noch eine Möglichkeit, zur EM zu kommen. Es ist wie eine extra Einladung für diejenigen, die sich schon einmal richtig angestrengt haben.

Kurz gesagt: Ein Land kann zur EM-Party 2024 eingeladen werden, indem es entweder Gastgeber ist, in den Gruppenspielen gut spielt oder in der Nations League überzeugt und ein wenig Glück hat. Das ist der Weg zur EM 2024!

TEILNEHMER

Jetzt, da wir wissen, wie die Teams sich für die Europameisterschaft 2024 qualifizieren, ist es an der Zeit, genauer auf die Teilnehmer zu schauen.

Die Teams und Spieler, die bereit sind, auf Europas größter Bühne zu glänzen. Sie haben alle ihre eigene Geschichte, ihren eigenen Stil und ihre eigenen Hoffnungen. Jedes Team möchte natürlich nicht nur teilnehmen, sondern auch gewinnen:

Deutschland - das ist unser Team! Sie haben den großen Pokal bereits dreimal gewonnen und sind bereit, ihr Bestes zu geben.

Italien - sie spielen mit so viel Herz und haben die Trophäe bereits zweimal gewonnen.

Spanien - bekannt für ihr schnelles Passspiel, haben sie auch großartige Erfolge zu feiern.

Frankreich - ein sehr starkes Team, das schnell und geschickt auf dem Platz agiert.

Aber da gibt es noch mehr! Bei diesem riesigen Turnier kannst du neue Helden entdecken:

 **Nordmazedonien**: Ein Team, das überraschen kann und voller Energie ist.

 **Ungarn**: Sie haben starke Spieler und Fans, die lautstark unterstützen.

 **Schottland**: Bereit zu zeigen, dass sie immer noch gut sind.

 **Türkei**: Junge Talente, die darauf brennen, ihr Können zu beweisen.

Und vergiss nicht Teams wie **Portugal**, mit dem berühmten Ronaldo, ...

England mit seinen jungen, ehrgeizigen Talenten, ...

die **Niederlande** mit ihrer Angriffslust ...

und **Belgien**, die mit ihren Top-Spielern auf den großen Sieg hoffen.

Die EM 2024 ist wie dein eigenes Fußballabenteuer, in dem jedes Team sein Bestes gibt, um dich zu begeistern. Es ist wie ein riesiges, buntes Puzzle: Jedes Team bringt seine eigenen Farben und seinen eigenen Stil ins Spiel. Und am Ende wirst du sehen, wer das schönste Bild zeichnet und den Pokal mit nach Hause nimmt.

#1 FUSSBALL-QUIZFRAGEN

Wir haben viel über die Europameisterschaft, ihre Geschichte und die Teams erfahren, die diese magische Veranstaltung prägen. Doch wie viel von diesen spannenden Informationen ist bei dir hängen geblieben? Es ist Zeit, dein Wissen auf die Probe zu stellen und zu sehen, ob du ein echter EM-Geschichts-Experte bist!

Bist du bereit für die erste große Challenge? Schauen wir mal, wie gut du aufgepasst hast. Kannst du alle der folgenden Fragen richtig beantworten? Es ist Zeit für dein erstes großes Fußball-Quiz!

1. Wer hatte den Traum, die besten Fußballteams Europas in einem Turnier zu vereinen?

A) Henri Delaunay
B) Michel Platini
C) Franz Beckenbauer
D) Lionel Messi   LÖSUNG: _____

2. In welchem Jahr fand die erste Europameisterschaft statt?

A) 1950
B) 1960
C) 1970
D) 1980   LÖSUNG: _____

3. Wie viele Teams kämpften im ersten EM-Turnier um den Titel?

A) Zwei
B) Vier
C) Acht
D) Sechzehn   LÖSUNG: _____

4. Welche Neuerung gab es bei der EM 1980?

A) Das Golden Goal
B) 16 Mannschaften   LÖSUNG: _____
C) Eine Gruppenphase
D) Automatische Qualifikation des Gastgebers

5. Was war besonders an der EM 1996?

A) Es war das erste Mal in Italien.
B) Es war die erste EM überhaupt.
C) Keine europäischen Teams durften teilnehmen.
D) Einführung des Golden Goals.

                                 LÖSUNG: _____

6. Welches Land gewann überraschend die EM 1992?

A) Portugal
B) Dänemark
C) Griechenland
D) Deutschland   LÖSUNG: _____

7. Wer erzielte das allererste Golden Goal in der EM-Geschichte?

A) Cristiano Ronaldo
B) Marco van Basten
C) Oliver Bierhoff
D) Zinédine Zidane   LÖSUNG: _____

8. Welches Team wurde 2004 unerwartet Europameister?

A) Frankreich
B) Niederlande
C) Griechenland
D) Spanien   LÖSUNG: _____

9. Welches Land ist automatisch bei der EM 2024 dabei, weil es der Gastgeber ist?

A) Frankreich
B) Deutschland
C) Spanien
D) Italien   LÖSUNG: _____

10. Über welchen weiteren Weg können sich Teams für die EM 2024 qualifizieren?

A) Über die Nations League
B) Durch eine Wildcard
C) Durch den Gewinn der Weltmeisterschaft
D) Durch eine Online-Abstimmung

LÖSUNG: _____

LÖSUNGEN

10. A: Über die Nations League
9. B: Deutschland
8. C: Griechenland
7. C: Oliver Bierhoff
6. B: Dänemark
5. D Einführung des Golden Goals.
4. C: Eine Gruppenphase
3. B: Vier
2. B: 1960
1. A: Henri Delaunay

#2 SPIELREGEL-KENNER-QUIZ:

Hast du alle Fragen gemeistert? Fantastisch! Du hast bereits gezeigt, dass du ein echtes Wissen über die Europameisterschaft und ihre Geschichte hast. Aber im Fußball, wie in vielen anderen Dingen, steckt der Teufel im Detail – vor allem, wenn es um die Regeln des Spiels geht.

Bist du bereit, noch tiefer einzutauchen und deine Kenntnisse über die Grundlagen des Fußballs unter Beweis zu stellen? **Es ist Zeit für die zweite Challenge!** Dieses Mal konzentrieren wir uns auf die Spielregeln, die das Herz jedes Fußballspiels ausmachen. Lasst uns sehen, wie gut du die Regeln kennst, die auf dem Spielfeld gelten.

1. **Was passiert, wenn der Ball die Seitenlinie vollständig überschreitet?**

A) Eckstoß
B) Einwurf
C) Freistoß
D) Abstoß   Lösung:  _____

2. Wie viele Spieler hat jede Mannschaft zu Beginn eines regulären Fußballspiels auf dem Feld?

A) 9
B) 10
C) 11
D) 12   Lösung: _____

3. Was ist ein Foul??

A) Ein regulärer Spielzug
B) Wenn ein Spieler dem Torwart zuwinkt
C) Wenn ein Spieler einen Freistoß schießt
D) Ein Regelverstoß, der körperlichen Kontakt beinhaltet

Lösung: _____

4. Wofür bekommt ein Spieler eine gelbe Karte?

A) Für kleine Vergehen oder Unsportlichkeit
B) Für einen schweren Regelverstoß
C) Für gutes Verhalten
D) Für das Erzielen eines Tores

Lösung: _____

5. Was ist ein Elfmeter?

A) Ein Freistoß von der Mittellinie
B) Ein Wurf von der Seitenlinie
C) Ein direkter Schuss aufs Tor vom Punkt davor
D) Ein Freistoß von außerhalb des Strafraums

Lösung: _____

6. Wie lange dauert normalerweise ein Fußballspiel (ohne Verlängerung)?

A) 60 Minuten
B) 90 Minuten
C) 120 Minuten
D) 45 Minuten   Lösung: _____

7. Was ist Abseits?

A) Wenn der Ball die Endlinie überquert
B) Wenn der Torwart den Ball außerhalb des Strafraums berührt
C) Wenn ein Spieler einen Freistoß schießt
D) Wenn ein angreifender Spieler den Ball erhält, während er näher am Tor ist als der vorletzte Gegenspieler

Lösung: _____

8. Was ist ein Eckstoß?

A) Wenn der Ball von einem Gegenspieler über die eigene Torlinie gespielt wird
B) Wenn der Ball von einem Spieler über die Seitenlinie gespielt wird
C) Wenn ein Spieler ein Tor erzielt
D) Wenn der Ball am Anfang des Spiels ins Spiel gebracht wird

Lösung: _____

9. Wie viele Auswechselspieler darf eine Mannschaft während eines offiziellen Spiels einsetzen?

A) Es gibt keine Begrenzung
B) 3
C) 5
D) 1

Lösung: _____

10. Was muss ein Torhüter tragen, das ihn von anderen Spielern unterscheidet?

A) Einen Helm
B) Ein anderes farbiges Trikot
C) Handschuhe
D) Fußballschuhe mit Stollen

Lösung: _____

LÖSUNGEN

1. B. Einwurf
2. C. 11
3. D. Ein Regelverstoß, der körperlichen Kontakt beinhaltet
4. A. Für kleine Vergehen oder Unsportlichkeit
5. C. Ein direkter Schuss aufs Tor vom Elfmeterpunkt
6. B. 90 Minuten
7. D. Wenn ein angreifender Spieler den Ball erhält, während er näher am Tor ist als der vorletzte Gegenspieler
8. A. Wenn der Ball von einem Gegenspieler über die eigene Torlinie gespielt wird
9. C. 5
10. B. Ein anderes farbiges Trikot

#3 ERRATE DEN SPIELER

Nun wird es spannend! Wir haben über die Geschichte, die Teams und die Regeln gesprochen, aber wie gut kennst du die Stars auf dem Feld? In dieser Challenge stellen wir dein Wissen über einige der berühmtesten Spieler, die bei der EM 2024 antreten könnten, auf die Probe.

Du findest Hinweise zu verschiedenen Spielern und eine Abbildung zum Ausmalen. Kannst du anhand der Beschreibungen und der teilweise ausgefüllten Namen erraten, um wen es sich handelt?

Nutze dein Fußballwissen und deine detektivischen Fähigkeiten, um die Spieler zu identifizieren und vervollständige ihre Namen.

Los geht's! Zeig, was du draufhast und bring Farbe ins Spiel!

Hinweise:

- Vielseitig auf dem Feld, kann in Mittelfeld und Verteidigung spielen.
- Schlüsselrolle in einem großen deutschen Fußballclub.
- Einer der besten Mittelfeldspieler seiner Generation in Deutschland.
- Bekannt für sein taktisches Verständnis.

SPIELER 2: H__RRY K__NE
(ENGLAND)

Hinweise:

- Stürmer mit ausgezeichneter Torschussfähigkeit.
- Kapitän der englischen Nationalmannschaft.
- Mehrfacher bester Torschütze in der englischen Premier League.
- Bekannt für seine Stärke in der Luft.

SPIELER 3: G__ANL__IGI D__NN__R__MM_ (ITALIEN)

Hinweise:

- Junger, weltklasse Torhüter.
- Hat eine Schlüsselrolle im Gewinn der Europameisterschaft 2021 gespielt.
- Bekannt für beeindruckende Reflexe und Elfmeterhalten.
- Hat einen berühmten italienischen Torhüter in der Nationalmannschaft ersetzt.

SPIELER 4: KY__AN MB__PP__ (FRANKREICH)

Hinweise:

- Außergewöhnliche Geschwindigkeit und Fähigkeit, Verteidiger zu überwinden.
- Schlüsselspieler beim Gewinn der Weltmeisterschaft 2018 für Frankreich.
- Spielt für einen der Top-Clubs in der französischen Liga.
- Bekannt für sein Lächeln und jugendliche Energie.

SPIELER 5: V__G__L VAN D__JK (NIEDERLANDE)

Hinweise:

- Einer der weltbesten Innenverteidiger.
- Kapitän der niederländischen Nationalmannschaft.
- Hat seinem Club geholfen, wichtige Titel zu gewinnen.
- Bekannt für seine Ruhe und Stärke auf dem Feld.

Lösung Spieler 4: Kylian Mbappé

KAPITEL 2:

FIT WIE EIN

FUSSBALLPROFI

Hey, zukünftiger Fußballstar! Lass uns nun mal etwas körperlich betätigen, aber bevor wir loslegen, gibt es ein paar wichtige Dinge zu beachten:

Sicheren Platz wählen: Finde einen sicheren Platz, wo du genug Raum hast, um dich zu bewegen, ohne irgendwo anzustoßen oder zu fallen. Dies könnte dein Garten, ein nahegelegener Park oder ein offener Raum in deinem Zuhause sein.

Richtiges Outfit: Zieh bequeme Sportkleidung und gute Sportschuhe an. Sie sollten dir passen und dich nicht beim Laufen oder Springen stören.

Wissen, was zu tun ist: Kennst du Joggingbewegungen, wie man richtig springt oder sicher landet? Es ist super wichtig, dass du die Bewegungen richtig machst, damit du dich nicht verletzt und das Beste aus dem Training herausholst. Wenn du also nicht sicher bist, keine Sorge: *Bitte einen Erwachsenen um Hilfe*, vielleicht Mama, Papa oder jemand anderen, der dir zeigen kann, wie's geht und aufpasst.

Aufwärmen ist ein Muss: Bevor wir richtig starten, machen wir uns warm. Du kannst

- **auf der Stelle laufen,**
- **deine Arme vor und zurück kreisen,**
- **ein paar leichte Sprünge machen,**
- **oder deinen Körper sanft von einer Seite zur anderen schwingen.**

So bereitest du deine Muskeln und deinen Körper auf das Training vor. Du hast vielleicht schon Aufwärmübungen im Sportunterricht gemacht – genau solche Bewegungen sind jetzt gefragt!

Denke daran, während der Challenge auf deinen Körper zu hören. Wenn du müde wirst oder etwas wehtut, ist es okay, eine Pause zu machen. Sicherheit und Spaß stehen an erster Stelle!

Nun bist du bereit für die Action!

DIE CHALLENGE:

Fertig aufgewärmt? Sehr gut, dann führe jede der folgenden Übungen **30 Sekunden** lang durch, mit **15 Sekunden Pause zwischen jeder Übung**.
Ziel ist es, alle Übungen zwei- bis dreimal zu durchlaufen. Du kannst dies alleine machen oder mit Freunden als Wettbewerb oder gemeinsame Aktivität.

- **Kniebeugen:**

Stehe mit den Füßen schulterbreit auseinander und führe Kniebeugen durch, achte dabei darauf, dass deine Knie nicht über die Zehen hinausgehen.

- **Auf der Stelle Beine hochziehen:**

Ziehe im Stehen abwechselnd die Knie hoch, so dass dein Oberschenkel parallel zum Boden ist.

- **Hampelmänner:**

Starte mit geschlossenen Füßen und springe, während du die Beine seitlich ausbreitest und die Arme über den Kopf klatschst.

- **Bergsteiger:**

Gehe in die Liegestützposition und ziehe dann abwechselnd die Knie Richtung Brust.

- **Seitliche Beinschwingen:**

Stehe seitlich und schwing deine Beine abwechselnd nach links und rechts, um die Flexibilität zu erhöhen und die Seitenmuskulatur zu aktivieren.

- **Plank:**

Halte dich in der Liegestützposition, wobei die Unterarme auf dem Boden ruhen, und halte deinen Körper gerade und stabil.

- **Abkühlung:**

Beende deine Trainingseinheit mit einer 5-minütigen Abkühlphase, die langsames Gehen und tiefe Atemübungen umfasst, um den Körper herunterzukühlen und die Erholung zu fördern.

Meine Ergebnisse

Notiere hier, wie viele Runden du geschafft hast und was du bei der Challenge über dich und deine Fitness gelernt hast:

Beim ersten Versuch habe ich ..... Runden geschafft! Ganz schön gut für den Anfang. Am besten konnte ich die Übung ...._____

_____

_____

_____

_____

_____

_____

_____

_____

_____

_____

_____

_____

_____

_____

_____

_____

_____

_____

_____

_____

Erinnere dich daran, alle Übungen mit Vorsicht und unter Aufsicht eines Erwachsenen durchzuführen, besonders wenn du sie zum ersten Mal machst. Deine Sicherheit ist das Wichtigste, und es ist in Ordnung, in deinem eigenen Tempo zu arbeiten. Jeder ist ein Gewinner, solange er sein Bestes gibt!

Diese Fitness-Challenge ist nicht nur für heute – du kannst sie immer wieder machen, wann immer du Lust hast, fitter zu werden und länger spielen zu können! Du kannst sie auch mit anderen dir bekannten Übungen variieren oder mehr Durchgänge als vorgegeben machen; fühl dich frei.

Jedes Mal, wenn du die Übungen machst, hilfst du deinem Körper, stärker und schneller zu werden – genau wie deine Lieblingsfußballspieler.

Fitness macht nicht nur alleine Spaß, sondern vor allem mit Freunden, und ist super wichtig, um auf dem Spielfeld durchzuhalten und deine Träume zu verfolgen. Bleib aktiv, bleib gesund und vor allem: Habt Spaß dabei!

#5 FUSSBALLPARCOURS:

Was du brauchst:

- Einen Fußball.
- 5-6 Objekte, die als Hütchen dienen können (z.B. Wasserflaschen, Kegel, Schuhe).
- Ein Tor oder ein markiertes Ziel (z.B. zwei Rucksäcke als Torfposten).
- Stoppuhr oder eine Uhr (Handy, Wecker, Küchentimer etc.).

Anleitung: Parcours aufbauen:

Lege die Hütchen in einer Linie mit etwa 2 Metern (etwa 2-3 große Schritte) Abstand zwischen jedem Hütchen aus. Dies wird deine Dribbel-Strecke.
Am Ende der Dribbel-Strecke positioniere das Tor oder das markierte Ziel.
Wähle den Startpunkt etwa 5 Meter vor dem ersten Hütchen.

Die Herausforderung:

Starte am Startpunkt mit dem Ball an deinen Füßen. Wenn die Stoppuhr beginnt, dribble so schnell wie möglich um die Hütchen. Jedes Hütchen soll einmal umrundet werden. Achte darauf, den Ball nahe bei dir zu halten und unter Kontrolle zu halten.
Sobald du das letzte Hütchen umrundet hast, schieße den Ball ins Tor oder auf das markierte Ziel.
Stoppe die Zeit, sobald der Ball das Ziel trifft.
Wiederhole die Herausforderung, um deine Zeit zu verbessern oder wechsle die Füße, mit denen du dribbelst, für eine zusätzliche Herausforderung.

Tipps für den Erfolg:

- Halte den Kopf oben, damit du den Parcours und den Ball im Blick behältst.
- Benutze die Innenseite deines Fußes für bessere Kontrolle beim Dribbeln.
- Beim Schießen konzentriere dich auf Genauigkeit statt auf Kraft.

Sicherheitshinweise:

Achte darauf, dass der Bereich, in dem du deinen Parcours aufbaust, sicher und frei von Gefahren ist.
Trage geeignetes Schuhwerk, um Ausrutschen zu verhindern.
Halte genügend Abstand zu anderen Personen oder Gegenständen, um Zusammenstöße zu vermeiden.

Challenge-Variationen:

Versuche, den Parcours rückwärts zu dribbeln, für eine noch größere Herausforderung.
Setze Zeitlimits oder füge zusätzliche Aufgaben hinzu, wie zum Beispiel 5 Mal hochhalten, bevor du mit dem Dribbeln beginnst.

Jetzt bist du dran! Richte deinen eigenen Fußballparcours ein und sieh, wie schnell du sein kannst. Vergiss nicht, Spaß zu haben und deine Fortschritte zu verfolgen!

Meine Fußballparcours-Ergebnisse:

Notiere hier deine Bestzeiten:

1. **Versuch:** _____
2. **Versuch:** _____
3. **Versuch:** _____
4. **Versuch:** _____
5. **Versuch:** _____

Mein persönlicher Rekord: _____

Ziel für den nächsten Versuch: _____

Notizen:

_____

_____

_____

_____

_____

_____

_____

_____

_____

_____

_____

#6 EINE WOCHE ZUM FUSSBALLPROFI: TÄGLICHE MINI-CHALLENGES

Diese Woche steht im Zeichen deiner Entwicklung als junger Fußballprofi. Jeden Tag wartet eine neue Herausforderung auf dich, die deine Fähigkeiten auf die Probe stellt und dich verbessern lässt. Vergiss nicht, Spaß zu haben und jeden Tag als Chance zu sehen, etwas Neues zu lernen. Denke daran, dass Übung den Meister macht und jeder Schritt zählt.

Tag 1: Ballkontrolle

Challenge: 20-mal den Ball hochhalten, ohne dass er den Boden berührt. Beginne mit dem rechten Fuß, wechsle zum linken und dann zum Oberschenkel.

Ziel: Grundlegende Ballkontrolle entwickeln.

Meine Ergebnisse:

Ich habe ..... mal den Ball hochgehalten, dabei habe ich mein .... Fuß und .... benutzt.

Tag 2: Dribbling-Grundlagen

Challenge: Errichte einen kleinen Dribbel-Parcours mit vier Hütchen (oder anderen Gegenständen) und dribble so schnell wie möglich durch den Parcours, hin und zurück.

Ziel: Die Dribbling-Fähigkeiten verbessern und die Ballkontrolle unter Bewegung trainieren.

Meine Ergebnisse:

Ich habe .... Versuche gestartet, dabei war meine beste Zeit bei .... Minuten.

Tag 3: Pass-Präzision

Challenge: 20 erfolgreiche Pässe zu einem Familienmitglied oder Freund aus einer Entfernung von etwa 5 Metern machen, ohne dass der Ball dazwischen stoppt.

Ziel: Die Genauigkeit und Stärke der Pässe verbessern.

Tag 4: Zielgenauigkeit

Challenge: Richte ein kleines Ziel (z.B. eine Box oder einen markierten Bereich) her und versuche, den Ball aus verschiedenen Entfernungen (5m, 10m, 15m) 10-mal in Folge hineinzuschießen.

Ziel: Schussgenauigkeit und Zielorientierung verbessern.

Meine Ergebnisse:

Ich habe .... Versuche durchgeführt um 10-mal in Folge zu treffen. Dabei war meine Entfernung zum Ziel ....Meter.

Tag 5: Ausdauer und Beweglichkeit

Challenge: Führe den Fußballparcours von Tag 2 aus, aber dieses Mal am Ende eines jeden Durchlaufs 5 Liegestütze machen. Wiederhole dies 5 Mal.

Ziel: Kombiniere Fußballfertigkeiten mit allgemeiner Fitness.

Meine Ergebnisse:

Ich habe .... Versuche gestartet, dabei war meine beste Zeit bei .... Minuten. Die Liegestütze waren für mich:
◯ total einfach   ◯ anstrengend   ◯ schwer

Tag 6: Defensivtechniken

Challenge: Spiele 20 Minuten lang Verteidiger gegen ein Familienmitglied oder einen Freund, der versucht, an dir vorbeizukommen. Konzentriere dich darauf, den Ball so oft wie möglich zu erobern.

Ziel: Defensivfähigkeiten und Reaktionsgeschwindigkeit verbessern.

Meine Ergebnisse:

Ich habe gegen .... gespielt und den Ball dabei bestimmt .... mal erobert.

Tag 7: Kombinierte Herausforderung

Challenge: Kombiniere alle bisherigen Fähigkeiten: Starte mit 35-mal Hochhalten, führe dann den Dribbel-Parcours durch, gib 10 präzise Pässe, schieße 5 Tore aus unterschiedlichen Entfernungen und beende die Session mit einer 10-minütigen Verteidigungs- und Ausdauerübung.

Ziel: Gesamtfähigkeiten demonstrieren und Verbesserungen erkennen.

Meine Ergebnisse:

Von allen Herausforderungen hat mir die .... am besten gefallen, weil _____

_____

_____

_____

_____

_____

Super gemacht! Du hast eine ganze Woche voller Fußballherausforderungen erfolgreich gemeistert.

Schau zurück auf deine Ergebnisse und sieh, wie weit du gekommen bist! Jeder Anstrengung, jeder Schritt und jedes Tor bringt dich deinen Träumen näher. Behalte diese positive Einstellung bei, bleib aktiv und setze dir immer neue Ziele. Denk daran, im Fußball und im Leben bietet jeder Tag die Chance, noch besser zu werden.

Also schnapp dir deine Fußballschuhe, bleib am Ball und freu dich auf die nächste Herausforderung – du bist auf dem besten Weg, ein echter Fußballprofi zu werden!

KAPITEL 3:

IM SPIEL - DIE EM 2024

WILLKOMMEN BEIM ULTIMATIVEN FUSSBALL-EVENT – DER EM 2024!

Bist du bereit für das größte Fußballevent des Jahres? Die EM 2024 startet jetzt!

Dieses Jahr treten 24 Teams aus ganz Europa in einem spannenden Turnier gegeneinander an, aufgeteilt in sechs Gruppen von A bis F.

Du findest eine Übersicht dieser Gruppen auf den nächsten Seiten.

Aber es gibt einen Haken: Drei Teams müssen sich erst noch ihren Platz über die Playoffs erkämpfen! Die entscheidenden Spiele finden im März 2024 statt. Wenn die Zeit gekommen ist, kannst du die Gewinner selbst in der folgenden Übersicht eintragen und ihr Flagge hinzufügen.

Jetzt kommt der Spaß! **Challenge #7 Deine eigene Tipp-Challenge:**
Tippe die Ergebnisse aller Spiele und trag später ein, wer wirklich gewonnen hat.
Und wie machst du das? Ganz einfach! Hier ein Beispiel:

Das Eröffnungsspiel der Europameisterschaft wird
Deutschland gegen Schottland sein.
Nehmen wir mal an, du tippst, dass Deutschland
2 zu 1 gewinnen wird, in echt geht das Spiel allerdings
3 zu 2 für Deutschland aus, dann sähe das Ganze so aus:

*Wann und Wo
wird gespielt?*

*Hier trägst du
deinen Spieltipp
ein*

14.06.2024 - 21 Uhr - München

Deutschland ②

Schottland ①

③ : ②

*Hier trägst du
das echte
Ergebnis ein*

Alles klar? Na dann los! Wie viele wirst du richtig haben?
Errätst du, wer Europameister wird? Kann Deutschland
den Heimvorteil nutzen?

Schnapp dir einen Stift und mach dich bereit, deine
Fußballkenntnisse unter Beweis zu stellen. Es ist Zeit,
deine Vorhersagen zu treffen und zu sehen,
ob du den Ausgang der EM 2024 vorhersagen kannst!

Viel Erfolg!

Alle Teilnehmer

Gruppe A:

| Deutschland | Schottland | Ungarn | Schweiz |

Gruppe B:

| Spanien | Kroatien | Italien | Albanien |

Gruppe C:

| Slowenien | Dänemark | Serbien | England |

Gruppe D:

_____ | Niederlande | Österreich | Frankreich

Gruppe E:

| Belgien | Slowakei | Rumänien | _____ |

Gruppe F:

| Türkei | _____ | Portugal | Tschechien |

Gruppenphase

A 🇩🇪 🏴 🇭🇺 🇨🇭
1.
2.
3.
4.

B 🇪🇸 🇭🇷 🇮🇹 🇦🇱
1.
2.
3.
4.

14.06.2024 - 21 Uhr - München
🇩🇪 Deutschland ◯
🏴 Schottland ◯
__ : __

15.06.2024 - 18Uhr - Berlin
🇪🇸 Spanien ◯
🇭🇷 Kroatien ◯
__ : __

15.06.2024 - 15 Uhr - Köln
🇭🇺 Ungarn ◯
🇨🇭 Schweiz ◯
__ : __

15.06.2024 - 21 Uhr - Dortmund
🇮🇹 Italien ◯
🇦🇱 Albanien ◯
__ : __

19.06.2024 - 21 Uhr - Köln
🏴 Schottland ◯
🇨🇭 Schweiz ◯
__ : __

19.06.2024 - 15Uhr - Hamburg
🇭🇷 Kroatien ◯
🇦🇱 Albanien ◯
__ : __

19.06.2024 - 18 Uhr - Stuttgart
🇩🇪 Deutschland ◯
🇭🇺 Ungarn ◯
__ : __

20.06.2024 - 21 Uhr - Gelsenkirchen
🇪🇸 Spanien ◯
🇮🇹 Italien ◯
__ : __

23.06.2024 - 21Uhr - Frankfurt
🇨🇭 Schweiz ◯
🇩🇪 Deutschland ◯
__ : __

24.06.2024 - 21Uhr - Leipzig
🇭🇷 Kroatien ◯
🇮🇹 Italien ◯
__ : __

23.06.2024 - 21 Uhr - Stuttgart
🏴 Schottland ◯
🇭🇺 Ungarn ◯
__ : __

24.06.2024 - 21 Uhr - Düsseldorf
🇦🇱 Albanien ◯
🇪🇸 Spanien ◯
__ : __

Gruppenphase

C

1.
2.
3.
4.

D

1.
2.
3.
4.

16.06.2024 - 21 Uhr - Gelsenkirchen

Serbien ◯
England ◯
__ : __

16.06.2024 - 15Uhr - Hamburg

⬜ _____ ◯
Niederlande ◯
__ : __

16.06.2024 - 18 Uhr - Stuttgart

Slowenien ◯
Dänemark ◯
__ : __

17.06.2024 - 21Uhr - Düsseldorf

Österreich ◯
Frankreich ◯
__ : __

20.06.2024 - 18Uhr - Frankfurt

Dänemark ◯
England ◯
__ : __

21.06.2024 - 18Uhr - Berlin

⬜ _____ ◯
Österreich ◯
__ : __

20.06.2024 - 15 Uhr - München

Slowenien ◯
Serbien ◯
__ : __

21.06.2024 - 21Uhr - Leipzig

Niederlande ◯
Frankreich ◯
__ : __

25.06.2024 - 21Uhr - Köln

England ◯
Slowenien ◯
__ : __

25.06.2024 - 18 Uhr - Berlin

Niederlande ◯
Österreich ◯
__ : __

25.06.2024 - 21 Uhr - München

Dänemark ◯
Serbien ◯
__ : __

25.06.2024 - 18 Uhr - Dortmund

Frankreich ◯
⬜ _____ ◯
__ : __

Gruppenphase

E 🇩🇪🇸🇰🇧🇪 [ ]

1.
2.
3.
4.

F 🇨🇭 [ ] 🇵🇹🇨🇿

1.
2.
3.
4.

17.06.2024 - 18 Uhr - Frankfurt

🇧🇪 Belgien ( )
🇸🇰 Slowakei ( )
__ : __

18.06.2024 - 21Uhr - Leipzig

🇵🇹 Portugal ( )
🇨🇿 Tschechien ( )
__ : __

17.06.2024 - 15 Uhr - München

🇷🇴 Rumänien ( )
[ ] ( )
__ : __

18.06.2024 - 18 Uhr - Dortmund

🇹🇷 Türkei ( )
[ ] ( )
__ : __

21.06.2024 - 15Uhr - Düsseldorf

🇸🇰 Slowakei ( )
[ ] ( )
__ : __

22.06.2024 - 15Uhr - Hamburg

[ ] _____ ( )
🇨🇿 Tschechien ( )
__ : __

22.06.2024 - 21 Uhr - Köln

🇧🇪 Belgien ( )
🇷🇴 Rumänien ( )
__ : __

22.06.2024 - 18Uhr - Dortmund

🇹🇷 Türkei ( )
🇵🇹 Portugal ( )
__ : __

26.06.2024 - 18Uhr - Frankfurt

🇸🇰 Slowakei ( )
🇷🇴 Rumänien ( )
__ : __

26.06.2024 - 21Uhr - Hamburg

🇨🇿 Tschechien ( )
🇹🇷 Türkei ( )
__ : __

26.06.2024 - 18Uhr - München

[ ] _____ ( )
🇧🇪 Belgien ( )
__ : __

26.06.2024 - 21 Uhr - Gelsenkrichen

[ ] _____ ( )
🇵🇹 Portugal ( )
__ : __

54

Achtelfinale

29.06.2024 - 18 Uhr - Berlin
2A
2B
__ : __

29.06.2024 - 21 Uhr - Dortmund
1A
2C
__ : __

30.06.2024 - 21 Uhr - Köln
2D
3A/D/E/F
__ : __

01.07.2024 - 18 Uhr - Düsseldorf
2D
2E
__ : __

01.07.2024 - 21 Uhr - Frankfurt
1F
3A/B/C
__ : __

02.07.2024 - 18 Uhr - München
1E
3A/B/C/D
__ : __

02.07.2024 - 21 Uhr - Leipzig
1D
2F
__ : __

05.07.2024 - 18 Uhr - Gelsenkirchen
1E
3A/B/C/D
__ : __

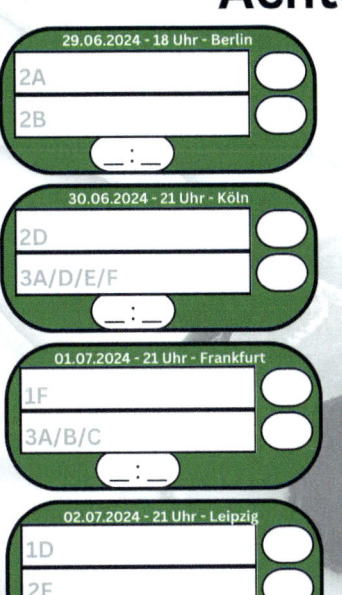

Viertelfinale

05.07.2024 - 18 Uhr - Stuttgart
__ : __

05.07.2024 - 21 Uhr - Hamburg
__ : __

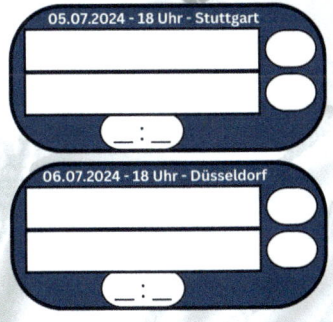
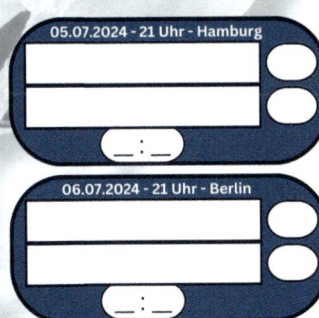

06.07.2024 - 18 Uhr - Düsseldorf
__ : __

06.07.2024 - 21 Uhr - Berlin
__ : __

Halbfinale

09.07.2024 - 21 Uhr - München
__ : __

10.07.2024 - 21 Uhr - Dortmund
__ : __

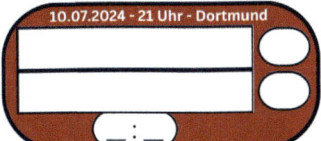

und jetzt das große Finale!!! Wer hat es bis in die letzte Runde der EM 2024 geschafft? und wie wird es wohl ausgehen? Trage es ein, und sei gespannt...

Finale

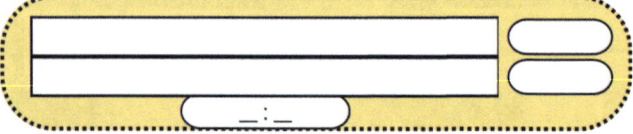

der Europameister 2024 ist ....

_____

KAPITEL 4:
KREATIVE ECKE

#8 MEINE TOP 3 FUSSBALLMOMENTE

Was du brauchst:

- Eine Kamera oder ein Smartphone.
- Deine Fußballausrüstung, Fanartikel oder einfach nur deine Fußballbegeisterung.

Was zu tun ist:

Wähle drei besondere Momente: Überlege dir drei Fußballmomente, die dir viel bedeuten. Es kann ein Tor sein, welches du selbst geschossen hast, ein aufregendes Spiel, das du mit Freunden oder Familie erlebt hast, oder einfach ein stolzer Moment in deinem Lieblingstrikot – egal, ob diese Momente bereits passiert sind oder noch bevorstehen.

Halte diese Momente fest: Wenn du diese besonderen Ereignisse bereits erlebt hast, suche das beste Foto dazu heraus. Falls sich diese besondere Gelegenheit erst ergeben muss, halte dich bereit diese zu knipsen, wenn sie sich ergibt. Du kannst auch einen Moment nachstellen, um ihn genau so festzuhalten, wie du ihn in Erinnerung hast.

Erzähle deine Geschichte: Zu jedem Foto hast du Platz, um deine Geschichte zu erzählen. Beschreibe, was in dem Moment passiert ist und warum er für dich so besonders ist. Was hast du in dem Moment gefühlt und was macht diesen Fußballmoment unvergesslich für Dich?
Dies ist deine Chance, deine persönliche Verbindung zum Fußball und deine kreativen Fähigkeiten zu zeigen.

Teile deine Momente: Zeige deine fertigen Seiten Freunden oder Familienmitgliedern. Du kannst auch, wenn es erlaubt ist, deine Geschichten und Fotos in deiner Schule präsentieren oder, mit Erlaubnis deiner Eltern, online teilen.

MEIN BESTER FUSSBALL-MOMENT
TEIL 1

MEIN BESTER FUSSBALL-MOMENT
TEIL 1

Dieser Fußballmoment ist für mich so besonders
weil......._____

_____

_____

_____

_____

_____

_____

_____

_____

_____

_____

_____

_____

_____

_____

_____

_____

_____

_____

_____

_____

MEIN BESTER FUSSBALL-MOMENT
TEIL 2

MEIN BESTER FUSSBALL-MOMENT
TEIL 2

In diesem Moment fühlte ich die Begeisterung für Fußball
enorm, denn ...._____
_____
_____
_____
_____
_____
_____
_____
_____
_____
_____
_____
_____
_____
_____
_____
_____
_____
_____
_____
_____
_____
_____
_____
_____
_____

MEIN BESTER FUSSBALL-MOMENT
TEIL 3

MEIN BESTER FUSSBALL-MOMENT
TEIL 3

Dieses Foto ist ein Highlight für mich, da...... _____

_____

_____

_____

_____

_____

_____

_____

_____

_____

_____

_____

_____

_____

_____

_____

_____

_____

_____

_____

_____

_____

_____

_____

#9 DRIBBLING DURCH DAS RÄTSELLAND

Im Fußball geht es nicht nur um Geschwindigkeit und Kraft, sondern auch um Strategie und Geschicklichkeit. Genau wie auf dem Spielfeld, wo jeder Pass, jede Bewegung zum Erfolg führen kann, laden wir dich jetzt zu einer besonderen Herausforderung ein: Unsere Fußball-rätsel!

In diesen Rätseln wirst du berühmte Fußballfelder erkunden, Pfade zum Tor finden und den Ball auf kreativen Wegen durch das Spielfeld manövrieren. Jedes Rätsel ist ein kleines Abenteuer, das deine Problemlösungsfähigkeiten und deine Fußballphantasie testet.

Wir haben 3 bis 5 spannende Labyrinthe für dich vorbereitet, die alle auf die eine oder andere Weise mit Fußball zu tun haben. Finde den besten Weg zum Tor, navigiere den Ball vorbei an Gegnern und Hindernissen und führe dein Team zum Sieg.

Schnapp dir einen Stift, konzentriere dich und finde den Weg durch jedes dieser spannenden Fußball-Labyrinthe. Zeige uns, wie du mit Köpfchen und Geschick zum Ziel kommst. Bist du bereit, die Herausforderung anzunehmen?

```
M A N N S C H A F T D Q O V F L S C U
W F R E I S T O S S I E G E R W N F J
S S B P S L O U D A V F J Z S L P C X
F G W F V P X R O G T E U I Y E A H D
M N N B L A J P X E O A N P V O I R T
D P E M G C J L H Y Y U W F H K H R J
E S P K A Q U G E D R I B B L I N G X
A U U P S C H I E D S R I C H T E R F
M T R B T G C B Y G F G X G H O E U W
S F B T G U V K O W I A Y E T R Q P K
C T B Z E T K X D G N B N G F W G P Z
P Y E I B P I H V S A S N A E A M E I
Q D C M E I J F K Q L E J V C R X N F
A F K T R I B U E N E I W Z U T Y P H
I X E A F O I A W Y B T V T W Z D H H
G F F A N S B K D A N S T O S S H A F
J P E L F M E T E R S C O H Y G U S E
X A Z G K O O D D M H R S L W W B E B
B E T U J S S I U R T S R M J Q F E W
```

Ecke	Fans	Anstoß
Finale	Sieger	Torwart
Abseits	Elfmeter	Tribuene
Freistoß	Dribbling	Gastgeber
Mannschaft	Gruppenphase	Schiedsrichter

```
M A N N S C H A F T D Q O V F L S C U
W F R E I S T O S S I E G E R W N F J
S S B P S L O U D A V F J Z S L P C X
F G W F V P X R O G T E U I Y E A H D
M N N B L A J P X E O A N P V O I R T
D P E M G C J L H Y Y U W F H K H R J
E S P K A Q U G E D R I B B L I N G X
A U U P S C H I E D S R I C H T E R F
M T R B T G C B Y G F G X G H O E U W
S F B T G U V K O W I A Y E T R Q P K
C T B Z E T K X D G N B N G F W G P Z
P Y E I B P I H V S A S N A E A M E I
Q D C M E I J F K Q L E J V C R X N F
A F K T R I B U E N E I W Z U T Y P H
I X E A F O I A W Y B T V T W Z D H H
G F F A N S B K D A N S T O S S H A F
J P E L F M E T E R S C O H Y G U S E
X A Z G K O O D D M H R S L W W B E B
B E T U J S S I U R T S R M J Q F E W
```

Ecke	Fans	Anstoß
Finale	Sieger	Torwart
Abseits	Elfmeter	Tribuene
Freistoß	Dribbling	Gastgeber
Mannschaft	Gruppenphase	Schiedsrichter

Gerade

2. Die Flaeche auf der ein Fussballspiel ausgetragen wird
3. Die Reaktion der Spieler und Fans wenn ein Tor erzielt wird
4. Die Staerke mit der ein Spieler den Ball schießen kann
5. Ein Spieler dessen Hauptaufgabe die Verteidigung des eigenen Tores ist
6. Die letzte Runde eines Turniers um den Sieger zu bestimmen
7. Der Sieger eines Pokalwettbewerbs
8. Ein anderer Begriff fuer das Spielfeld im Fussball

Runter

1. Ein Spieler der sein Land in internationalen Wettbewerben vertritt
9. Personen die ein Spiel live im Stadion verfolgen
10. Ein Wettbewerb um den besten Verein oder das beste Team zu ermitteln
11. Die Zeit in der eine Mannschaft Kontrolle ueber den Ball hat
12. Der Wechsel der Spielrichtung zur zweiten Haelfte
13. Die vertikalen Begrenzungen eines Tores
14. Ein Spieler der auf die Verhinderung von Gegentoren spezialisiert ist
15. Die Nummer auf einem Spielertrikot zur Identifikation

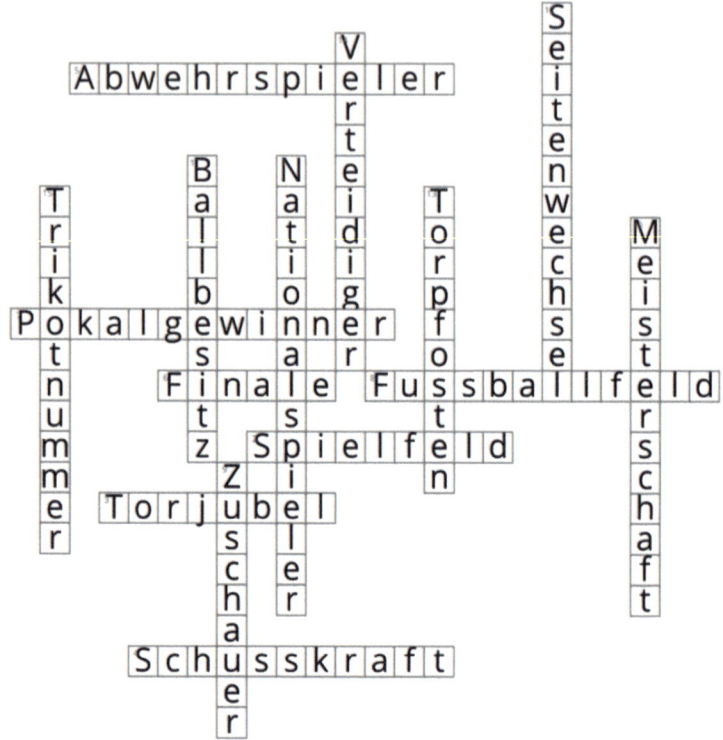

The crossword puzzle contains the following words:

- Abwehrspieler
- Verteidiger
- Seitenwechsel
- Ballbesitz
- Nationalspieler
- Torpfosten
- Meisterschaft
- Trikotnummer
- Pokalgewinner
- Finale
- Fussballfeld
- Spielfeld
- Torjubel
- Zuschauer
- Schusskraft

Gerade

2. Die Flaeche auf der ein Fussballspiel ausgetragen wird
3. Die Reaktion der Spieler und Fans wenn ein Tor erzielt wird
4. Die Staerke mit der ein Spieler den Ball schießen kann
5. Ein Spieler dessen Hauptaufgabe die Verteidigung des eigenen Tores ist
6. Die letzte Runde eines Turniers um den Sieger zu bestimmen
7. Der Sieger eines Pokalwettbewerbs
8. Ein anderer Begriff fuer das Spielfeld im Fussball

Runter

1. Ein Spieler der sein Land in internationalen Wettbewerben vertritt
9. Personen die ein Spiel live im Stadion verfolgen
10. Ein Wettbewerb um den besten Verein oder das beste Team zu ermitteln
11. Die Zeit in der eine Mannschaft Kontrolle ueber den Ball hat
12. Der Wechsel der Spielrichtung zur zweiten Haelfte
13. Die vertikalen Begrenzungen eines Tores
14. Ein Spieler der auf die Verhinderung von Gegentoren spezialisiert ist
15. Die Nummer auf einem Spielertrikot zur Identifikation

```
V Z A J O V L O Z E W R O X Q C A O V
J Y U E K T H O F G Q P E E Y B U R V
V X Y G R R Z D T O R S C H U S S H K
L S C B L A P V X U H S O F J F W R I
S Y I B L I E E Z J J P N H B G E X W
X F Z G H N J R J A X I A A Z R C P Z
V S I E G E S T O R F E Y L H U H R K
S O E O X R B E Y D L L X B V P S E C
U M P W K J G I R O A P J Z B P L Y A
W C P C S T A D I O N L B E K E U P U
I H F Q U A L I F I K A T I O N N C E
M J X R A I R G B B E N F T H S G D F
I V C R G P I E R R U N M P S I R P A
O E X J Z O S R K K L O S F P E M X Q
S E O I K O P F B A L L K P L G V G K
Y P F U S S B A L L S C H U H E I H X
O H G A R B W V G E X Z W O Y R K P P
S O I B B Q F Q Q T F J G T Q K L K G
Z F G G T O R L I N I E I N W U R F D
```

Flanke	Stadion	Trainer
Einwurf	Halbzeit	Kopfball
Torlinie	Torschuss	Spielplan
Siegestor	Verteidiger	Auswechslung
Gruppensieger	Qualifikation	Fussballschuhe

```
V Z A J O V L O Z E W R O X Q C A O V
J Y U E K T H O F G Q P E E Y B U R V
V X Y G R R Z D T O R S C H U S S H K
L S C B L A P V X U H S O F J F W R I
S Y I B L I E E Z J J P N H B G E X W
X F Z G H N J R J A X I A A Z R C P Z
V S I E G E S T O R F E Y L H U H R K
S O E O X R B E Y D L L X B V P S E C
U M P W K J G I R O A P J Z B P L Y A
W C P C S T A D I O N L B E K E U P U
I H F Q U A L I F I K A T I O N N C E
M J X R A I R G B B E N F T H S G D F
I V C R G P I E R R U N M P S I R P A
O E X J Z O S R K K L O S F P E M X Q
S E O I K O P F B A L L K P L G V G K
Y P F U S S B A L L S C H U H E I H X
O H G A R B W V G E X Z W O Y R K P P
S O I B B Q F Q Q T F J G T Q K L K G
Z F G G T O R L I N I E I N W U R F D
```

Flanke	Stadion	Trainer
Einwurf	Halbzeit	Kopfball
Torlinie	Torschuss	Spielplan
Siegestor	Verteidiger	Auswechslung
Gruppensieger	Qualifikation	Fussballschuhe

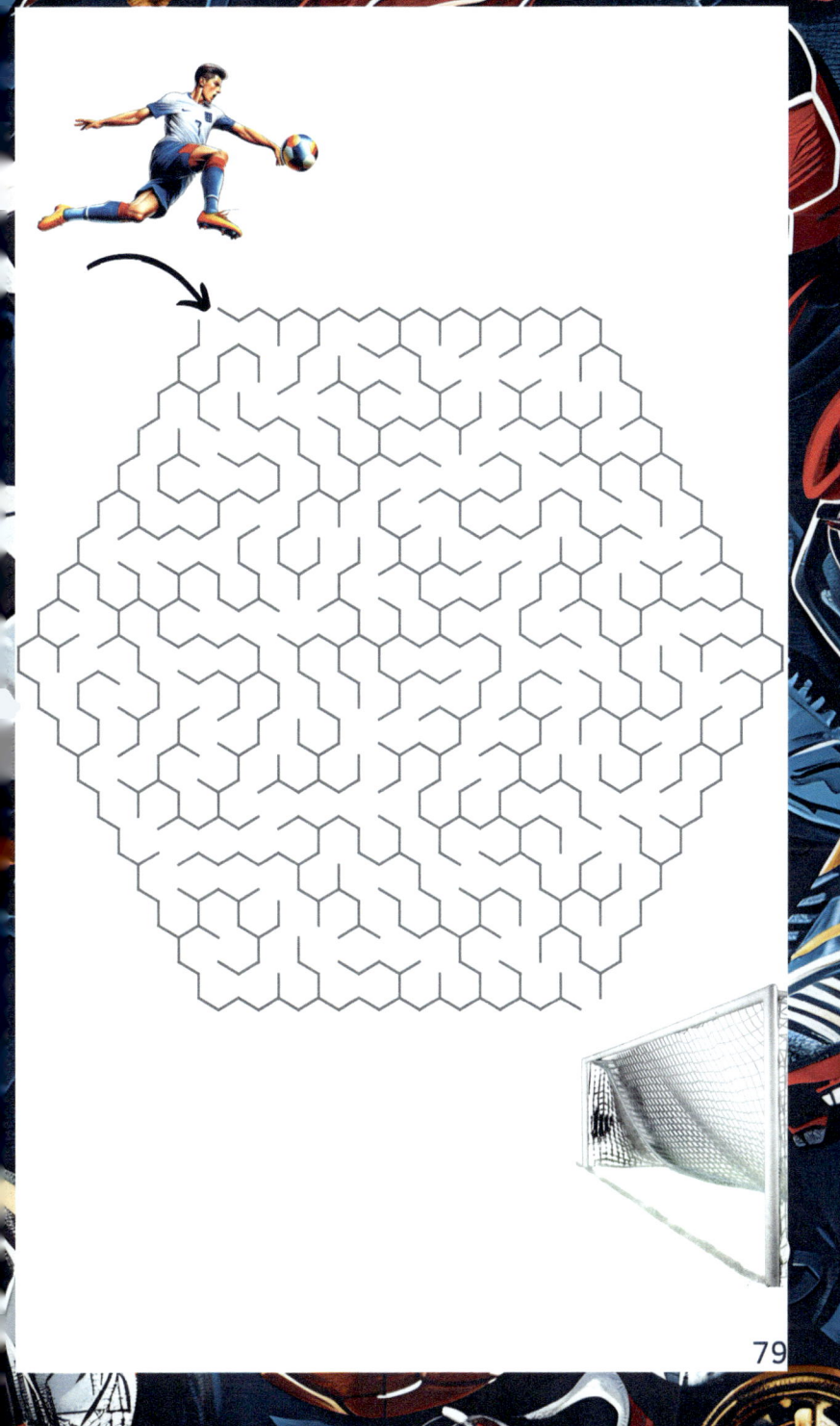

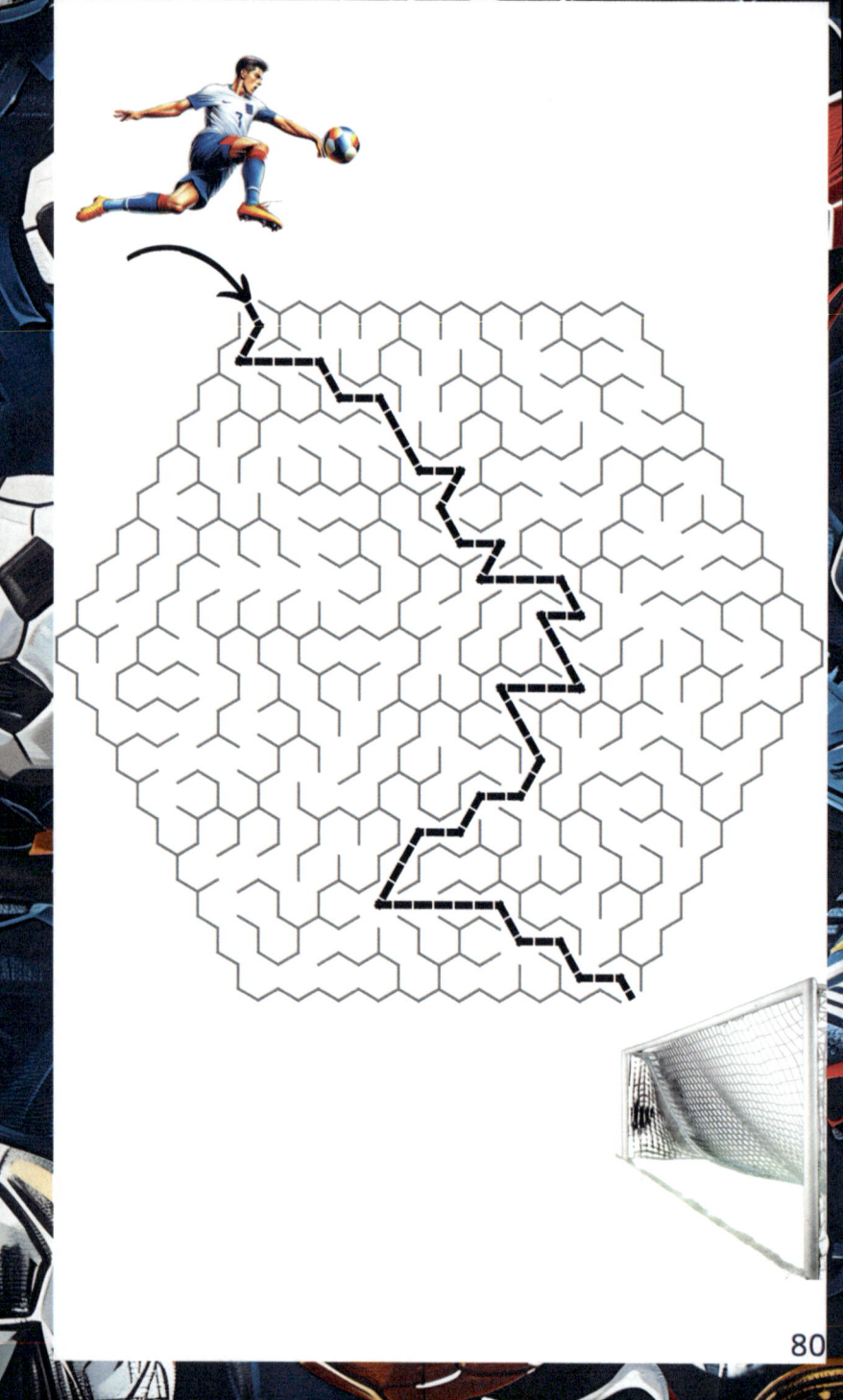

Gerade

3. Der Ort an dem Fussballspiele ausgetragen werden
4. Die Pause zwischen den beiden Haelften eines Spiels
5. Zusaetzliche Minuten die am Ende der regulären Spielzeit hinzugefuegt werden
6. Ein Flagge die die Ecke des Spielfelds markiert
9. Ein Spiel das im eigenen Stadion ausgetragen wird
12. Eine Aktion die von einem Spieler alleine durchgefuehrt wird
14. Training vor dem Spielbeginn zur Vorbereitung
15. Die Feier nach einem gewonnenen Spiel oder Turnier

Runter

1. Eine vorher geplante Aktion auf dem Spielfeld
2. Der Spieler der die Mannschaft auf dem Feld anfuehrt
7. Der Bereich vor dem Tor in dem bestimmte Regeln gelten
8. Ein Tor das den Spielstand wieder gleich macht
10. Ein Spiel das im Stadion des Gegners stattfindet
11. Die Linie ueber die der Ball gehen muss um ein Tor zu sein
13. Ein Hilfsmittel zur Visualisierung von Spielstrategien

Gerade

3. Der Ort an dem Fussballspiele ausgetragen werden
4. Die Pause zwischen den beiden Haelften eines Spiels
5. Zusaetzliche Minuten die am Ende der regulären Spielzeit hinzugefuegt werden
6. Ein Flagge die die Ecke des Spielfelds markiert
9. Ein Spiel das im eigenen Stadion ausgetragen wird
12. Eine Aktion die von einem Spieler alleine durchgefuehrt wird
14. Training vor dem Spielbeginn zur Vorbereitung
15. Die Feier nach einem gewonnenen Spiel oder Turnier

Runter

1. Eine vorher geplante Aktion auf dem Spielfeld
2. Der Spieler der die Mannschaft auf dem Feld anfuehrt
7. Der Bereich vor dem Tor in dem bestimmte Regeln gelten
8. Ein Tor das den Spielstand wieder gleich macht
10. Ein Spiel das im Stadion des Gegners stattfindet
11. Die Linie ueber die der Ball gehen muss um ein Tor zu sein
13. Ein Hilfsmittel zur Visualisierung von Spielstrategien

#10 FUSSBALL-BINGO

Willkommen zur **Fußball-Bingo-Challenge,** wo jeder Pass, jedes Tor und jede Parade zählt! Fußball ist voller unvergesslicher Momente – jetzt hast du die Chance, sie auf eine ganz neue Art zu erleben.

Was du brauchst:

- Eine Fußball-Bingo-Karte (du findest sie auf der nächsten Seite).
- Einen Stift oder Marker.
- Ein Fußballspiel zum Anschauen

Was zu tun ist:

- **Bereite dich vor**: Schau dir deine Fußball-Bingo-Karte genau an. Jedes Feld enthält eine typische Fußballaktion oder ein Ereignis, wie ein Tor, eine Ecke oder gelbe Karte
- **Spiel beobachten**: Während du das Fußballspiel verfolgst, halte Ausschau nach den Ereignissen auf deiner Bingo-Karte. Jedes Mal, wenn ein Ereignis eintritt, das einem Feld auf deiner Karte entspricht, markiere dieses Feld.

#10 FUSSBALL-BINGO

- **Bingo erreichen:** Ziel ist es, fünf markierte Felder in einer Reihe zu bekommen – horizontal, vertikal oder diagonal. Ruf "Bingo!", wenn du es geschafft hast!
- **Zusammen spielen**: Wenn du mit Freunden oder deiner Familie spielen möchtest, kannst du einfach die Bingo-Karten aus dem Buch ausschneiden oder eigene Karten basteln, damit jeder seine eigene hat. Das macht nicht nur mehr Spaß, sondern ihr könnt daraus einen richtigen Wettkampf machen, wer schafft es als Erster, ein Bingo zu erreichen?....
Und damit ihr jede Menge Spaß habt und das Spiel öfter genießen könnt, findest du extra mehrere gleiche Bingo-Karten auf den folgenden Seiten. So könnt ihr mehrmals spielen oder sogar mit einer größeren Gruppe antreten.

Packt die Stifte aus, haltet die Augen offen und lasst das Spiel beginnen!

#10 FUSSBALL-BINGO

Ein Spieler erzielt ein Tor.	Der Schiedsrichter zeigt eine gelbe Karte.	Ein Spieler führt einen Eckstoß aus.	Der Torwart macht eine spektakuläre Parade.	Das Spiel geht in die Verlängerung.
Ein Spieler führt einen Einwurf aus.	Ein Freistoß wird vergeben.	Ein Spieler macht einen Kopfball.	Ein Spieler wird ausgewechselt.	Das Spiel endet ohne Tore (0:0).
Ein Tor wird durch einen Elfmeter erzielt.	Ein Spieler rutscht und fällt.	Bingo	Ein Spieler feiert ein Tor mit einem besonderen Pose.	Eine Mannschaft spielt in Unterzahl (weniger als 11 Spieler).
Ein Spieler führt einen erfolgreiches Dribbling durch.	Der Schiedsrichter pfeift ein Foul.	Ein Spieler trifft die Latte oder den Pfosten.	Eine Flanke wird in den Strafraum geschossen.	Eine Mannschaft erhält einen Elfmeter.
Ein Spieler macht einen Weitschuss.	Fans singen ein Lied.	Ein Trainer gibt lautstark Anweisungen.	Ein Fan hält ein Plakat hoch.	Der Schiedsrichter verwendet den Videoassistenten.

#10 FUSSBALL-BINGO

Ein Spieler erzielt ein Tor.	Der Schiedsrichter zeigt eine gelbe Karte.	Ein Spieler führt einen Eckstoß aus.	Der Torwart macht eine spektakuläre Parade.	Das Spiel geht in die Verlängerung.
Ein Spieler führt einen Einwurf aus.	Ein Freistoß wird vergeben.	Ein Spieler macht einen Kopfball.	Ein Spieler wird ausgewechselt.	Das Spiel endet ohne Tore (0:0).
Ein Tor wird durch einen Elfmeter erzielt.	Ein Spieler rutscht und fällt.	Bingo	Ein Spieler feiert ein Tor mit einem besonderen Pose.	Eine Mannschaft spielt in Unterzahl (weniger als 11 Spieler).
Ein Spieler führt einen erfolgreiches Dribbling durch.	Der Schiedsrichter pfeift ein Foul.	Ein Spieler trifft die Latte oder den Pfosten.	Eine Flanke wird in den Strafraum geschossen.	Eine Mannschaft erhält einen Elfmeter.
Ein Spieler macht einen Weitschuss.	Fans singen ein Lied.	Ein Trainer gibt lautstark Anweisungen.	Ein Fan hält ein Plakat hoch.	Der Schiedsrichter verwendet den Videoassistenten.

Ein Spieler erzielt ein Tor.	Der Schiedsrichter zeigt eine gelbe Karte.	Ein Spieler führt einen Eckstoß aus.	Der Torwart macht eine spektakuläre Parade.	Das Spiel geht in die Verlängerung.
Ein Spieler führt einen Einwurf aus.	Ein Freistoß wird vergeben.	Ein Spieler macht einen Kopfball.	Ein Spieler wird ausgewechselt.	Das Spiel endet ohne Tore (0:0).
Ein Tor wird durch einen Elfmeter erzielt.	Ein Spieler rutscht und fällt.	Bingo	Ein Spieler feiert ein Tor mit einem besonderen Pose.	Eine Mannschaft spielt in Unterzahl (weniger als 11 Spieler).
Ein Spieler führt einen erfolgreiches Dribbling durch.	Der Schiedsrichter pfeift ein Foul.	Ein Spieler trifft die Latte oder den Pfosten.	Eine Flanke wird in den Strafraum geschossen.	Eine Mannschaft erhält einen Elfmeter.
Ein Spieler macht einen Weitschuss.	Fans singen ein Lied.	Ein Trainer gibt lautstark Anweisungen.	Ein Fan hält ein Plakat hoch.	Der Schiedsrichter verwendet den Videoassistenten.

#10 FUSSBALL-BINGO

Ein Spieler erzielt ein Tor.	Der Schieds-richter zeigt eine gelbe Karte.	Ein Spieler führt einen Eckstoß aus.	Der Torwart macht eine spektaku-läre Parade.	Das Spiel geht in die Verländer-ung.
Ein Spieler führt einen Einwurf aus.	Ein Freistoß wird vergeben.	Ein Spieler macht einen Kopfball.	Ein Spieler wird ausgewech-selt.	Das Spiel endet ohne Tore (0:0).
Ein Tor wird durch einen Elfmeter erzielt.	Ein Spieler rutscht und fällt.	Bingo	Ein Spieler feiert ein Tor mit einem besonderen Pose.	Eine Mannschaft spielt in Unterzahl (weniger als 11 Spieler).
Ein Spieler führt einen erfolgrei-ches Dribbling durch.	Der Schieds-richter pfeift ein Foul.	Ein Spieler trifft die Latte oder den Pfosten.	Eine Flanke wird in den Strafraum geschos-sen.	Eine Mannschaft erhält einen Elfmeter.
Ein Spieler macht einen Weit-schuss.	Fans singen ein Lied.	Ein Trainer gibt lautstark Anwei-sungen.	Ein Fan hält ein Plakat hoch.	Der Schieds-richter verwendet den Videoassis-tenten.

#10 FUSSBALL-BINGO

Ein Spieler erzielt ein Tor.	Der Schiedsrichter zeigt eine gelbe Karte.	Ein Spieler führt einen Eckstoß aus.	Der Torwart macht eine spektakuläre Parade.	Das Spiel geht in die Verlängerung.
Ein Spieler führt einen Einwurf aus.	Ein Freistoß wird vergeben.	Ein Spieler macht einen Kopfball.	Ein Spieler wird ausgewechselt.	Das Spiel endet ohne Tore (0:0).
Ein Tor wird durch einen Elfmeter erzielt.	Ein Spieler rutscht und fällt.	Bingo	Ein Spieler feiert ein Tor mit einem besonderen Pose.	Eine Mannschaft spielt in Unterzahl (weniger als 11 Spieler).
Ein Spieler führt einen erfolgreiches Dribbling durch.	Der Schiedsrichter pfeift ein Foul.	Ein Spieler trifft die Latte oder den Pfosten.	Eine Flanke wird in den Strafraum geschossen.	Eine Mannschaft erhält einen Elfmeter.
Ein Spieler macht einen Weitschuss.	Fans singen ein Lied.	Ein Trainer gibt lautstark Anweisungen.	Ein Fan hält ein Plakat hoch.	Der Schiedsrichter verwendet den Videoassistenten.

#10 FUSSBALL-BINGO

Ein Spieler erzielt ein Tor.	Der Schiedsrichter zeigt eine gelbe Karte.	Ein Spieler führt einen Eckstoß aus.	Der Torwart macht eine spektakuläre Parade.	Das Spiel geht in die Verlängerung.
Ein Spieler führt einen Einwurf aus.	Ein Freistoß wird vergeben.	Ein Spieler macht einen Kopfball.	Ein Spieler wird ausgewechselt.	Das Spiel endet ohne Tore (0:0).
Ein Tor wird durch einen Elfmeter erzielt.	Ein Spieler rutscht und fällt.	Bingo	Ein Spieler feiert ein Tor mit einem besonderen Pose.	Eine Mannschaft spielt in Unterzahl (weniger als 11 Spieler).
Ein Spieler führt einen erfolgreiches Dribbling durch.	Der Schiedsrichter pfeift ein Foul.	Ein Spieler trifft die Latte oder den Pfosten.	Eine Flanke wird in den Strafraum geschossen.	Eine Mannschaft erhält einen Elfmeter.
Ein Spieler macht einen Weitschuss.	Fans singen ein Lied.	Ein Trainer gibt lautstark Anweisungen.	Ein Fan hält ein Plakat hoch.	Der Schiedsrichter verwendet den Videoassistenten.

#11 FANARTIKEL BASTELN

Jeder Fußballfan zeigt seine Begeisterung auf eine besondere Art und Weise. Und es gibt noch eine bessere Möglichkeit, deine Unterstützung zu zeigen: **Eigene Fanartikel kreieren! Jetzt ist der perfekte Zeitpunkt, um deine Kreativität zu entfesseln und gleichzeitig deine Leidenschaft für Fußball zu demonstrieren**.

In diesem Kapitel findest du vier Anleitungen für die Herstellung von deinem ganz persönlichen Fanartikel. Von deiner Teamfahne über das Anfeuerungsplakat, dem eigenen Fußball-Fan-Schal, bis hin zum Fan-Armband.

Deine Challenge: Wähle mindestens einen der Fanartikel aus und gestalte ihn nach deinen Vorstellungen. Nutze die Gelegenheit, deine Fantasie spielen zu lassen und zu zeigen, wie innovativ und enthusiastisch du in Bezug auf Fußball sein kannst.

Zeige deine selbstgemachten Fanartikel deiner Familie, deinen Freunden oder bei einem Spiel. Du könntest auch, mit Erlaubnis deiner Eltern, eine Ausstellung mit deinen Freunden organisieren oder Fotos deiner Kreationen online teilen. Zeige allen, wie kreativ ein Fußballfan sein kann!

ANLEITUNG 1: FAHNEN BASTELN

Erstelle deine eigene Fahne! Nutze die Farben deiner Lieblingsmannschaft und füge Symbole oder Sprüche hinzu, die deinen Fußballstolz ausdrücken.
Hier eine Anleitung, wie du vorgehen kannst:

Materialien:

- Bunte Papierbögen oder Stoffstücke
- Stifte, Marker oder Farben
- Schere
- Klebstoff oder Klebeband
- Holzstab oder langer Strohhalm für den Fahnenmast

Anleitung:

- **Wähle deine Farben**: Denke an die Farben deiner Lieblingsfußballmannschaft. Diese Farben werden die Basis deiner Fahne bilden.
- **Schneide deine Fahne zurecht**: Entscheide dich für eine Form für deine Fahne – es kann ein klassisches Rechteck sein oder eine andere Form, die dir gefällt. Male diese Form auf und schneide das Papier oder den Stoff in anschließend entlang deiner Linien die gewünschte Form.

ANLEITUNG 1: FAHNEN BASTELN

- **Gestalte deine Fahne**: Jetzt kommt der kreative Teil! Verwende Stifte, Marker oder Farben, um deine Fahne zu gestalten. Du kannst Symbole, wie Fußbälle oder Sterne zeichnen oder Sprüche schreiben, die deinen Teamgeist zeigen. Lass deiner Fantasie freien Lauf!
- **Erstelle deinen Fahnenmast**: Befestige die gestaltete Fahne vorsichtig mit Klebstoff oder Klebeband am Holzstab oder Strohhalm. Achte darauf, dass sie fest sitzt und nicht herunterrutschen kann.
- **Zeige deine Unterstützung**: Deine selbstgemachte Fahne ist jetzt bereit, um bei Spielen geschwungen zu werden oder dein Zimmer zu schmücken. Um zu verdeutlichen, für welches Team dein Herz schlägt!

Mit dieser personalisierten Fahne kannst du bei jedem Spiel zeigen, wie sehr du dein Team unterstützt. Es ist nicht nur ein Spaß beim Basteln, sondern auch eine tolle Möglichkeit, deinen Teamgeist auszudrücken!

ANLEITUNG 2: ANFEUERUNGSPLAKATE GESTALTEN

Bereite ein großes Plakat für das nächste Spiel vor!
Schreibe Anfeuerungsrufe oder motivierende Botschaften darauf - sogenannte "Slogan´s" - die dein Team zum Sieg führen können.
Folge dieser Anleitung, um dein eigenes, beeindruckendes Anfeuerungsplakat zu erstellen:

Materialien:

- Ein großes Stück Pappe oder ein Plakatpapier
- Stifte, Marker oder Farben
- Schablonen oder Aufkleber (optional)
- Glitzer, Aufkleber oder andere Deko-Elemente (optional)
- Klebestift oder doppelseitiges Klebeband

Anleitung:

- **Finde das perfekte Plakat**: Wähle ein großes Stück Pappe oder Plakatpapier aus. Große, helle Farben helfen dabei, dass dein Plakat auffällt.
- **Denke dir einen Slogan aus**: Überlege dir einen kurzen und knackigen Anfeuerungsruf oder eine motivierende Botschaft für dein Team. Es sollte etwas sein, das leicht zu lesen und zu merken ist.

ANLEITUNG 2: ANFEUERUNGSPLAKATE GESTALTEN

- **Entwerfe dein Plakat**: Skizziere deinen Slogan erst leicht mit Bleistift auf dem Plakat. Du kannst auch Schablonen verwenden, um die Buchstaben gleichmäßig und sauber zu gestalten.
- **Färbe es ein**: Gehe nun mit Markern oder Farben über deine Skizze. Wähle leuchtende, kräftige Farben, damit dein Plakat auch aus der Ferne gut lesbar ist.
- **Füge Dekorationen hinzu**: Mach dein Plakat mit Glitzer, Aufklebern oder anderen Deko-Elementen noch auffälliger. Aber denke daran, die Hauptbotschaft sollte immer im Mittelpunkt stehen!
- **Mache es haltbar**: Wenn du möchtest, dass dein Plakat das ganze Spiel über hält, befestige es einen Holzstab oder einen starken Karton auf der Rückseite mit Klebeband. So kannst du es leicht hochhalten, ohne dass es sich biegt.

Mit deinem eigenen, handgemachten Anfeuerungsplakat kannst du die Menge anführen und deinem Team zeigen, wie sehr du sie unterstützt. Es ist eine tolle Möglichkeit, im Stadion aufzufallen und andere für dein Team zu motivieren!

ANLEITUNG 3: EIGENE SCHALS BASTELN

Verwandle einen einfachen Schal in ein beeindruckendes Fan-Accessoire! Bemale oder beklebe ihn in den Teamfarben und füge Muster oder Logos hinzu, um ihn noch persönlicher und einzigartiger zu machen.

Materialien:

- Einen einfachen Schal, am besten in einer hellen Farbe
- Textilfarben oder Stoffmarker in den Teamfarben
- Schablonen oder Stempel (optional)
- Klebeband oder Klebstoff für Stoffe
- Aufbügelbilder oder Stoffaufkleber (optional)

Anleitung:

- **Plane dein Design**: Überlege dir, wie dein Schal aussehen soll. Vielleicht möchtest du Streifen in den Teamfarben, das Logo deiner Lieblingsmannschaft oder einen motivierenden Spruch hinzufügen. Zeichne ein einfaches Abbild auf Papier, um deine Ideen zu ordnen.
- **Bereite den Schal vor**: Lege den Schal glatt und eben auf eine feste Unterlage. Verwende bei Bedarf Klebeband, um bestimmte Bereiche abzukleben, falls du ein gestreiftes Muster oder klare Linien erstellen möchtest.

ANLEITUNG 3: EIGENE SCHALS BASTELN

- **Bring Farbe in´s Spiel**: Beginne, dein Design mit Farben oder Markern umzusetzen. Wenn du Schablonen oder Stempel benutzt, platziere sie sorgfältig auf dem Schal und trage die Farbe auf. Warte mit dem nächsten Schritt bis diese getrocknet sind.
- **Füge Extras hinzu**: Wenn du deinem Schal zusätzliche Elemente wie Aufbügelbilder oder Stoffaufkleber hinzufügen möchtest, ist jetzt der richtige Zeitpunkt. Diese Extras machen deinen Schal noch persönlicher und einzigartiger.
- **Der letzte Schliff**: Überprüfe den Schal auf eventuelle Stellen, die eine Nachbesserung benötigen. Fixiere alle Elemente richtig.
- **Trage ihn mit Stolz**: Dein selbstgestalteter Fan-Schal ist nun bereit, um bei jedem Spiel getragen zu werden.

ANLEITUNG 4: FAN-ARMBÄNDER HERSTELLEN

Kreiere ein Armband mit den Farben deines Teams!
Erschaffe dir ein Accessoire, dass deinen Favoriten zeigt.

Materialien:

- Wolle oder Faden in den Teamfarben
- Perlen oder kleine Knöpfe mit Fußballmotiven oder in passenden Farben
- Schere

Anleitung:

- **Fäden schneiden**: Wähle drei oder mehr Fadenstücke in verschiedenen Teamfarben aus. Es können auch dünne Bänder oder vergliechbarer Stoff sein.
Sie sollten mindestens 30 cm lang sein, und dünn genug, um genug Länge für das Flechten und Binden zu haben.
- **Beginne zu flechten**: Binde die Enden der Fäden mit einem Knoten zusammen. Du kannst einen Streifen Klebeband verwenden, um das Ende auf einer Oberfläche festzumachen, damit das Flechten leichter fällt. Flechte die Fäden zu einem Zopf oder nutze andere Flechttechniken für verschiedene Designs.
- **Dekoriere dein Armband**: Während du flechtest, kannst du Perlen oder kleine Knöpfe einfädeln, um es zu personalisieren. Dies gibt dem Armband eine besondere Note und macht es noch individueller.

ANLEITUNG 4: FAN-ARMBÄNDER HERSTELLEN

- ....Achte darauf, dass die Perlen groß genug sind, um auf die Fäden zu passen, aber nicht so groß, dass sie das Tragen unkomfortabel machen.
- **Schließe dein Armband ab**: Sobald du die gewünschte Länge erreicht hast, binde die Enden mit einem festen Knoten zusammen. Stelle sicher, dass das Armband groß genug ist, um bequem über deine Hand zu passen und eng genug, um nicht zu verrutschen.

Mit diesen personalisierten Fan-Armband kannst du deine Begeisterung für den Sport und deine Kreativität präsentieren . Du kannst es auch als tolles Geschenke für Freunde und Familie, die das gleiche Team unterstützen verschenken!

Tooooooooooooor!!!

Herzlichen Glückwunsch,
du hast nun alle Challenges gemeistert!

Jetzt steht fest, wer der wahre Football-Experte ist!

Wir hoffen, du hattest jede Menge Spaß und konntest
deine Fußball-Fähigkeiten und dein Fußballwissen
erweitern.

Wenn dir dieses Buch ein paar unterhaltsame Stunden
beschert hat, würden wir uns sehr über deine
Rezension auf Amazon sehr freuen:
Hier kannst du Sie hinerlassen:

oder gehe einfach auf:
www.amazon.de/ryp

Vielen Dank!

Impressum

Deutschsprachige Erstausgabe
März 2024
Copyright © 2024 Oliver Stein
wird vertreten durch:
Markus Lages

Alle Rechte vorbehalten
Nachdruck, auch auszugsweise, nicht gestattet
Das Werk, einschließlich seiner Teile, ist
urheberrechtlich geschützt. Jede Verwertung ist ohne
Zustimmung des Verlages und des Autors unzulässig.
Dies gilt insbesondere für die elektronische oder
sonstige Vervielfältigung, Übersetzung, Verbreitung und
öffentliche Zugänglichmachung.

Willdestr. 7a, 58093 Hagen

Covergestaltung und Satz: Markus Lages
Herstellung und Verlag: WörterOase

1. Auflage
ISBN: 978-3-9825887-1-1

Printed in France by Amazon
Brétigny-sur-Orge, FR

19193301R00057